바다가 출렁출렁!
일본이 침몰한다면?

김진욱 글·주민정 그림

"정말 일본이 가라앉을까요?"

누구나 한 번쯤 생각해 보거나 들어 본 적 있는 질문일 거예요. 저도 학교에 다닐 때 '가라앉는다', '가라앉지 않는다'를 놓고 친구들과 토론을 빙자한 입씨름을 벌인 기억이 나요. 누가 이겼는지는 기억나지 않지만 마치 '슈퍼맨이 이길까?', '배트맨이 이길까?'와 같이 누구도 정답을 모르는 질문이라는 결론은 얻었어요.

시간이 흘러 과학 관련 책을 쓰게 되면서 우리 일상 속에 숨어 있는 과학에 대해 많이 공부했어요. 그리고 학창 시절 친구들과 입씨름을 벌였던 '일본이 가라앉을까?'라는 주제 속에도 복잡하고 과학적인 의미가 숨어 있다는 것을 알게 되었지요. 일본이 침몰한다는 것은 단순히 일본만의 문제가 아니었어요. 우리나라뿐만 아니라 인류의 미래까지 좌우하는 중요한 문제였어요.

이 책에서는 명탐정 다차자 아저씨가 일본 땅이 사라진 먼 미래에서 타임머신을 타고 날아와요. 그리고 푸름이와 함께 일본 침몰의 원인을 추적하기 시작하지요. 모든 일에는 원인이 있는 법이니, 그것을 예방하면 일본이 가라앉는 것을 막을 수 있다고 생각한 것이에요.

푸름이는 명탐정 다차자 아저씨와 함께 일본 침몰의 원인을 추적하면서 참으로 놀라운 사실을 알게 됩니다. 사람들이 흔히 일본 땅이 가라앉는 원인으로 지목하는 화산 폭발과 지진이 일본 침몰의 원인이 아니라는 사실을 깨달은 거예요. 화산 폭발과 지진은 종종 일본을 위협하는 피할 수 없는 자연재해일 뿐, 일본 침몰의 진짜 원인은 따로 있었어요. 바로 사람들이 만들어 낸 온실 가스 때문에 생긴 문제, 지구 온난화였지요.

이 책에는 지구 온난화로 변화하는 해수면의 높이에 대한 이야기와 그로 인해 가라앉는 지구 곳곳의 땅 이야기 그리고 지구의 온도가 1°C씩 오를 때마다 벌어지는 사건에 대한 이야기가 실려 있어요. 지구 온난화는 무엇이고 왜 일어나며 우리나라에 어떠한 영향을 미치는지 또 화산과 지진과 핵 실험으로 인한 일본 침몰의 가능성은 없는지도 살피고 있지요. 그리고 가장 중요한 내용인 일본 침몰을 막기 위한 방법도 제시하고 있어요.

어린이 여러분이 이 책을 끝까지 읽는다면 저와 제 친구들이 정답을 찾지 못했던 문제 '정말 일본이 가라앉을까?'에 대한 답을 찾을 수 있을 거예요. 그리고 저는 개인적으로 이 책을 읽고 지구 환경에 대해 고민하고, 지구 온난화를 막기 위해 에너지 절약을 실천하는 친구들이 더 많아지길 바라고 있답니다.

자, 그럼 지금부터 명탐정 다차자 아저씨, 푸름이와 함께 일본 침몰을 막기 위한 뜻깊은 여행을 시작해 볼까요?

글쓴이 김진욱

차례

충격! 일본이 사라졌다! • 6

투발루는 바닷속으로 가라앉는 중! • 10

세계가 물에 잠긴다! • 12

점점 따뜻해지는 지구! 온난화의 원인을 밝혀라! • 14

북극 빙하는 어떻게 변하고 있을까? • 16

지구의 온도가 1°C 올라가면 어떤 일이 벌어질까? • 18

한반도도 지구 온난화의 영향을 받을까? • 20

원자력 발전소가 폭발하면 일본이 가라앉을까? • 22

핵 실험으로 인한 지각 변동은 가능할까? • 26

만약 일본이 침몰한다면? • 28

일본 침몰의 진짜 범인은? • 30

일본이 가라앉는 것을 막으려면? • 32

지구 온난화 개념어 정리 • 36

등장 인물

명탐정 다차자

미래에서 온 탐정이다.
세상에서 가장 유명한 탐정이라는 말은 믿거나 말거나!
일본 침몰의 원인을 밝히려고 과거로 왔다.
지구 온난화와 원전 폭발 등을 의심하고 있다.
그러나 그 현상 뒤엔 숨겨진 비밀이 있었는데…….

푸름이

한국에서 살고 있는 초등학교 2학년 아이다.
호기심이 많고, 활동적이다.
명탐정 다차자를 도와 일본이 침몰하는 원인을 찾아 나선다.

나 후지산

안녕?
난 세상에서 가장 유명한 명탐정 다차자야.
미래에서 온 탐정이지!

안녕하세요, 명탐정 아저씨.
전 푸름이예요.
미래에서 오셨다고요? 신기해라!
왜 오신 거예요?

이 지도를 봐.
먼 미래에는
일본 땅이 바닷속으로 가라앉는단다.
나는 일본이 가라앉는 것을 막으려고
타임머신을 타고 과거로 왔어.
원인을 알아보는 데는 명탐정이 제격이니까!

네?
미래에는 일본이 가라앉는다고요?
왜요?

글쎄. 여러 가지 가능성을 염두에 두고 조사 중이야. 지진이나 화산 폭발 같은 자연재해 때문일 수도 있고 원자력 발전소 폭발 또는 핵 실험의 여파일 수도 있지.

일본 침몰의 원인이 아주 다양하네요?

여러 가능성을 열어 두고 살피는 중이거든. 그런데 가장 가능성이 높은 건 아무래도 지구 온난화가 아닐까 싶어. 지금도 지구 온난화로 지도에서 사라져 가는 나라가 있거든. 일본 침몰의 원인으로 예상되는 사건들을 알아본 다음 현재 침몰 중인 나라를 만나 볼까?

지구 온난화란?
지구 온난화는 지구의 평균 온도가 높아지는 현상을 말해요. 지구의 온도가 올라가면 극지방과 높은 산에 있던 얼음이 녹아요. 그럼 해수면도 높아져 땅이 물에 잠기게 될 수 있지요.

일본 침몰의 원인으로 예상되는 사건들

원자력 발전소 폭발
1986년 4월, 우크라이나의 체르노빌에서는 대규모의 원자력 발전소 폭발이 있었어요. 이와 같은 사고가 또 일어난다면 지구는 커다란 위험에 처할 수 있습니다.

지진
2015년 4월, 네팔에서 강력한 지진이 발생했어요. 에베레스트 산에는 눈사태가 일어났고 수많은 사람들이 죽거나 다쳤지요. 이처럼 강한 지진은 지각에도 큰 영향을 미칩니다.

핵 실험

핵 실험은 지구에 큰 영향을 미치는 사건 중 하나예요. 미국 네바다 주에는 핵 실험하는 장소가 있는데 미국은 이곳에서 1951년부터 1992년까지 928번이나 핵 실험을 진행했으며 그중 828번은 지하 핵 실험이었어요. 핵 실험이 계속된다면 지구에 어떤 영향을 끼칠지 알 수 없어요.

우크라이나
네팔
미국
콜롬비아

화산 폭발

지난 1985년, 콜롬비아에서는 네바도 델 루이스 화산이 폭발했어요. 인근 마을이 용암과 홍수로 뒤덮였고, 2만 5천 명이 사망하는 비극이 벌어졌지요. 화산 폭발은 인류에게 끔찍한 재앙을 몰고 오는 사건 중 하나입니다.

투발루는 바닷속으로 가라앉는 중!

남태평양의 섬나라 투발루는 지구 온난화로 해수면이 상승해서 이미 가라앉고 있어. 투발루가 어떤 나라인지 어떤 상황에 처해 있는지 한번 알아보자!

 ## 투발루는 어디에 있을까?

지구에서 네 번째로 작은 나라인 투발루는 남태평양의 오스트레일리아 북동부 4천km 지점에 자리하고 있는 산호초 섬입니다. 무수히 작은 섬과 9개의 대표적인 섬으로 이루어져 있으며 인구는 1만 1천 명 정도입니다. 지형이 평평해서 가장 높은 곳이 해발 5m고, 평균 해발 고도는 2m입니다.

뉴기니 솔로몬 제도 투발루 피지 오스트레일리아 뉴질랜드

투발루는 왜 가라앉고 있을까?

지난 100년간 지구의 온도가 0.6℃ 상승하며 북극과 남극에 있던 빙하가 녹기 시작했어요. 현재까지 녹은 빙하만으로도 해수면은 약 19cm가 높아졌다고 해요. 투발루의 9개의 섬 중 시빌리빌리 섬은 1999년에 이미 바닷물에 잠겼습니다. 투발루처럼 해수면이 점점 높아지는 나라에는 지구 온난화가 눈앞에 닥친 문제인 것이지요.
투발루는 밀물 때면 바닷물이 3.48m까지 차올라 집, 도로, 나무 들까지 바닷물에 잠깁니다. 잠기지 않은 다른 섬들도 바닷물이 들락날락하며 남기고 간 염분 때문에 농사를 지을 수 없는 소금 땅으로 변하고 있어요. 최근에는 마실 물을 구하는 데도 어려움을 겪고 있다고 합니다.

2050년이면 지도에서 사라질 투발루

지구 온난화가 이대로 계속 진행된다면 투발루는 2050년쯤에 물에 잠길 것으로 예상됩니다.
투발루 총리는 섬 대부분이 바닷물에 잠기더라도 절대 투발루 땅을 떠나지 않을 것이며 투발루가 가라앉지 않도록 막을 것이라고 선언했어요. 그리고 국제 사회에 지구 온난화에 대한 관심과 대응책을 요구하고 있답니다.

세계가 물에 잠긴다!

으악!
땅이 물에 잠긴다니 상상도 못 했어요.
일본도 투발루처럼 금방 가라앉게 될까요?

투발루처럼 빨리 가라앉지는 않을 거야.
일본은 투발루만큼 해발 고도가 낮지 않거든.
하지만 물에 잠기는 지역이
예상보다 더 넓어지고 있으니 안심할 수는 없어.

▲ 지대가 낮고 강이 많은 방글라데시도 해수면이 높아질 경우 국토의 일부가 물에 잠길 수 있어요.

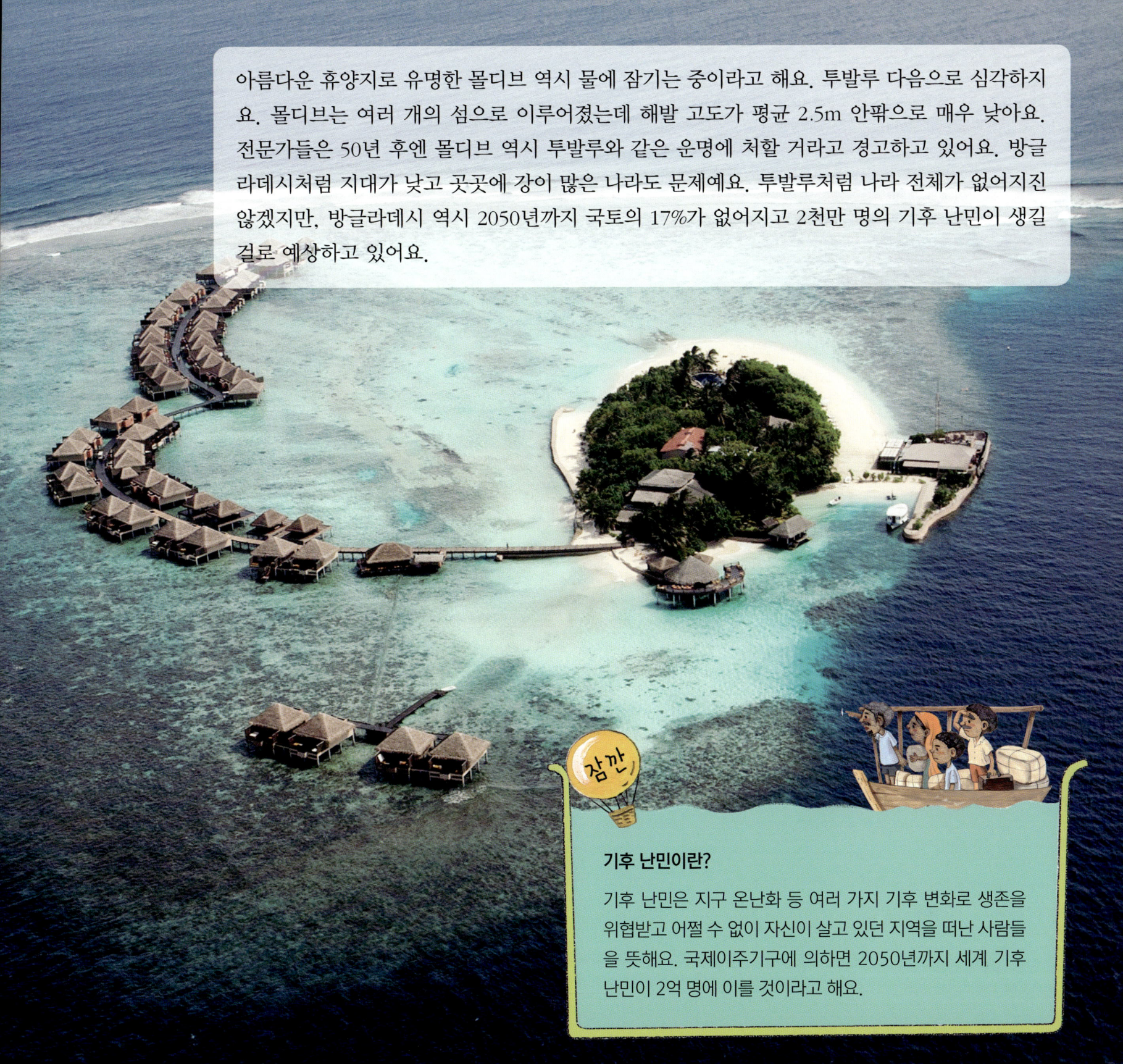

아름다운 휴양지로 유명한 몰디브 역시 물에 잠기는 중이라고 해요. 투발루 다음으로 심각하지요. 몰디브는 여러 개의 섬으로 이루어졌는데 해발 고도가 평균 2.5m 안팎으로 매우 낮아요. 전문가들은 50년 후엔 몰디브 역시 투발루와 같은 운명에 처할 거라고 경고하고 있어요. 방글라데시처럼 지대가 낮고 곳곳에 강이 많은 나라도 문제예요. 투발루처럼 나라 전체가 없어지진 않겠지만, 방글라데시 역시 2050년까지 국토의 17%가 없어지고 2천만 명의 기후 난민이 생길 걸로 예상하고 있어요.

잠깐

기후 난민이란?

기후 난민은 지구 온난화 등 여러 가지 기후 변화로 생존을 위협받고 어쩔 수 없이 자신이 살고 있던 지역을 떠난 사람들을 뜻해요. 국제이주기구에 의하면 2050년까지 세계 기후 난민이 2억 명에 이를 것이라고 해요.

점점 따뜻해지는 지구!
온난화의 원인을 밝혀라!

18세기 말 영국 사람들은 물건을 대량으로 만들 수 있는 기계를 발명했어요. 생산 기술이 발달하면서 사회에도 커다란 변화가 생겼지요. 농업중심사회에서 공업중심사회로 바뀌게 된 거예요. 이러한 변화를 산업 혁명이라고 해요. 산업 혁명 이후 많은 양의 화석 연료가 사용되고 있는데 화석 연료는 이산화탄소를 만들어 내 지구 온난화를 부추겨요.

으으. 지구 온난화 정말 무섭네요.
저는 더워지면 물놀이하기에
더 좋겠다고만 생각했어요.
그런데 지구 온난화는
왜 일어나는 거예요?

여러 가지 원인이 있지만,
18세기 말 산업 혁명 이후
대량으로 쓰이기 시작한
석유나 석탄 같은 화석 연료가
가장 큰 원인이야.

화석 연료를 사용하면
이산화탄소가 나오는데,
대기층에 이산화탄소가 많아지면
태양으로부터 받은 에너지 중에서
대기 밖으로 내보내야 할
에너지의 일부를 붙잡아 둬.
이때 남은 에너지가 대기 중에 머무르며
마치 온실처럼 지구를 감싸는 거야.

또 다른 원인으로는 숲이 파괴되고
바닷속 산호초가
줄어드는 걸 생각할 수 있지.
나무와 산호초는 이산화탄소를 줄여 주거든.
냉장고와 에어컨에 쓰이는 프레온 가스도
온실 효과를 일으키는 범인으로 알려져 있어.
이런 다양한 원인들이
지구의 온도를 높이고 있단다.

북극 빙하는 어떻게 변하고 있을까?

빙하는 해수의 순환에 따라 전 세계에 열을 전하기도 하고 겨울에 한파를 몰고 오기도 해요. 빙하가 계속 녹는다면 지구에는 이상 기후가 나타날 수밖에 없어요. 극지방을 덮고 있는 눈과 얼음이 녹는 것도 문제예요. 극지방의 눈과 얼음은 태양에서 온 빛 에너지의 일부를 반사시켜서 지구 밖으로 내보내는 역할을 하고 있기 때문이에요. 눈과 얼음의 면적이 줄어들면 지구의 온도는 점점 올라갈 수밖에 없습니다. 지구의 입장에서는 악몽 같은 일이지요. 이제 지구의 온도가 1℃씩 오를 때마다 무슨 일이 벌어지는지 한번 알아볼까요?

잠깐

헷갈리는 북극과 남극

북극은 유럽과 아시아 그리고 아메리카 대륙으로 둘러싸여 있어요. 북극은 얼음이 얼어 있는 바다예요. 북극의 바다 위로 보이는 빙하는 전체의 10%밖에 안 돼요. 바다 안으로 훨씬 큰 빙하가 있는 거예요. 연평균 기온이 -16~6℃이고, 북극곰, 순록, 북극 여우 등과 원주민이 살아요.

남극은 거대한 대륙이에요. 오랜 세월 동안 내린 눈이 쌓여 2km 두께의 얼음을 이루고 있지요. 연평균 기온은 -40~0℃로 북극보다 더 추워요. 펭귄과 물개 등이 살고, 원주민은 살지 않아요.

결국 지구의 온도가 높아진 게 문제네요? 아까 0.6℃ 높아졌다고 했는데 그 정도로도 빙하가 많이 녹나요?

 VS

▲ 1979년 나사에서 촬영한 위성사진   ▲ 2003년 나사에서 촬영한 위성사진

이 두 사진을 보렴. 왼쪽은 1979년에, 오른쪽은 2003년에 찍은 북극 사진이야. 빙하가 확실히 줄어들었지?

그러네요. 명탐정님. 그런데 최근에 북극의 얼음 면적이 1년 전보다 오히려 늘어났다는 기사를 본 것 같아요.

그래. 그것 때문에 지구 온난화가 일어나지 않을 거라고 주장하는 사람도 있단다. 하지만 2013년에 북극의 얼음 면적이 가장 적었기 때문에 2014년에는 그것을 회복하려고 해빙이 만들어진 것뿐이야. 지구의 노력인 셈이지. 장기적으로 보면 빙하는 계속 줄어들고 있어.

온도가 3°C 높아지면?

유럽 지역의 여름 온도가 사람이 감당하기 힘들 정도로 높아져서 열사병 사망자가 늘어나요. 북극 빙하의 80%가 녹아 없어지면서 해수면이 상승, 전 세계 해안의 30%가 침수돼요. 아마존 열대 우림이 점점 줄어들어요. 북극곰의 3분의 2가 사라질 거예요.

온도가 2°C 높아지면?

기온 변화가 농사에 영향을 끼쳐 식량이 부족해져요. 산호초도 점점 사라지지요. 지중해와 남아프리카에서는 식수 공급량이 20~30% 감소할 거예요.

온도가 1°C 높아지면?

지구 생물의 30%가 멸종 위기에 빠져요. 북극의 얼음이 눈에 띌 정도로 줄어들고, 해수면 온도가 따뜻해지면서 남대서양 연안에 허리케인이 발생하지요. 투발루도 결국 가라앉고 말아요.

한반도도 지구 온난화의 영향을 받을까?

지구가 죽음의 별로 변한다니 끔찍해요.
혹시 우리나라도 물에 잠기고 있나요?
구명조끼라도 준비해 둘까요?

하하하! 괜찮아.
지구 온난화가 해수면 상승으로만 나타나는 건 아니니까.
단 지난 100년간 우리나라의 온도가
지구 평균 온도 변화의 두 배인 1.5℃나 올랐다는 점은 염
두에 두어야 해. 이대로 간다면 2100년에는 우리나라가
아열대 기후로 변해 버리고 말 거야.

아열대 기후요?
아열대 기후가 되면 뭐가 달라지는데요?

20

▲ 2014년 6월 중순 울산에서는 대형 청상아리가 잡혔어요. 청상아리는 사람을 공격하는 식인 상어로 유명해요. 바닷물의 온도가 높아지면서 따뜻한 물에 살던 상어가 동해 바다에도 나타나는 거랍니다.

우리나라가 아열대 기후로 바뀌면 먼저 생태계에 변화가 생깁니다. 사실 지금도 바닷물의 온도가 높아져 차가운 물에 사는 명태나 정어리는 잘 잡히지 않고, 따뜻한 물에 사는 멸치와 오징어는 평소 잡히지 않던 해역에서도 잡힌다고 해요. 아열대 기후에서만 나타나는 거대 해파리와 무서운 상어도 해수욕장에 종종 나타나고 있지요. 또 사과와 녹차 등의 농작물 재배지도 점점 북쪽으로 이동 중이에요. 한여름의 폭염 일수 역시 7일에서 30일로 늘어나게 된답니다.

원자력 발전소가 폭발하면 일본이 가라앉을까?

원자력 발전소(줄여서 원전이라고도 불러요)는 연료가 핵분열할 때 발생한 열로 물을 데워 증기를 만듭니다. 그리고 증기의 힘으로 발전기를 돌려서 전기를 만들지요. 원자력 발전소는 연료 가격이 저렴하고 전기를 만드는 비용이 적게 들며 발전소의 수명이 길다는 장점이 있습니다. 하지만 사고가 일어날 경우 그 피해가 너무나 커서 사회적인 불안감이 높아요.

원자력 발전소는 전기를 만들 때와 전기를 만들고 나서 증기를 식힐 때 꼭 물이 있어야 합니다. 지진과 해일의 위험이 있는데도 불구하고 바닷가나 물가에 원자력 발전소를 설치하는 까닭이 여기에 있어요. 일본의 원자력 발전소 역시 바닷가에 위치하고 있답니다.

도마리 원전

히가시도리 원전

오나가와 원전

후쿠시마 원전

▲ 물가에 위치한 원자력 발전소의 모습이에요. 원자력 발전소는 물이 많이 필요해서 해안가 혹은 강가에 짓곤 합니다.

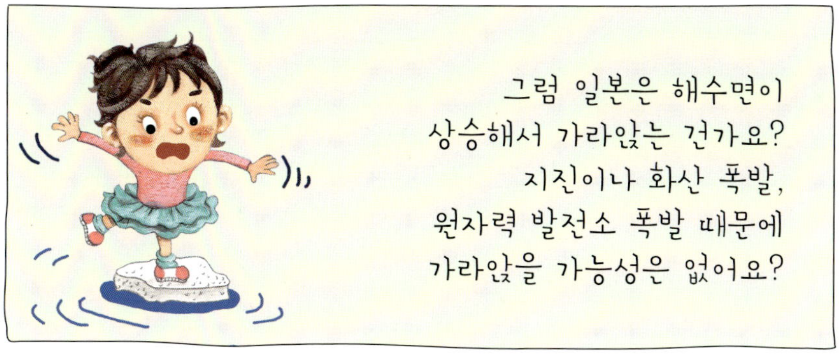

그럼 일본은 해수면이 상승해서 가라앉는 건가요? 지진이나 화산 폭발, 원자력 발전소 폭발 때문에 가라앉을 가능성은 없어요?

오~ 다른 가능성도 조사해 보겠다는 거니? 이 명탐정 다차자가 이미 연구를 해 봤지! 일본에는 원자력 발전소가 50기 넘게 있는데 그것들이 모두 폭발해도 일본 땅이 바닷속으로 가라앉을 가능성은 거의 없어.

게다가 원자력 발전소는 쉽게 폭발하지 않는단다. 2011년 대지진 때 파괴된 후쿠시마 원자력 발전소도 물이 수소와 산소로 분해되며 생긴 수소가 폭발을 일으킨 것이지, 원자력 발전소의 연료인 우라늄이 폭발한 게 아니야. 수소 폭발은 위력으로 따지면 터널이나 광산을 뚫을 때 사용하는 다이너마이트를 대량으로 폭발시킨 것과 비슷해. 일본을 가라앉게 할 정도의 엄청난 위력은 아니란다.

원자력 발전소에서 쓰이는 우라늄은 핵 폭탄의 원료이기도 합니다. 그 양을 따져 보면 핵 폭탄 수십만 개를 만들 수 있는 엄청난 양이에요. 만일 이 우라늄이 모두 폭발하면 엄청난 일이 벌어질 거예요. 하지만 실제로 원자력 발전소에서 핵 폭발이 일어날 확률은 매우 낮습니다. 핵 폭탄에 이용하는 우라늄과 원자력에 이용하는 우라늄의 종류가 다르기 때문이에요. 우라늄에는 질량이 다른 원소가 포함되어 있는데 핵 폭탄에 쓰이는 우라늄에는 우라늄 238이라는 원소가 많이 들어 있어요. 그 원소가 80%는 있어야 핵 폭발이 일어나지요. 반면 원자력 발전소의 연료봉에는 우라늄 238이 5% 정도밖에 들어 있지 않아요. 이런 이유로 원자력 발전소는 우라늄을 이용하지만 핵 폭발의 가능성이 낮다고 이야기하는 거예요.

이상하다.
후쿠시마 원자력 발전소가 파괴됐을 때
사람들이 엄청 무서워했는데요?
저희 아빠도 뉴스에서 눈을 떼지 못하셨어요!

그건 방사능 유출 때문이야.
수소 폭발로 원자력 발전소의 일부가 파괴되고,
그 틈으로 우라늄이 깨질 때 만들어진
방사능 원소가 쏟아져 나왔거든.
방사능에 포함된 세슘 같은 물질은
눈에 보이지는 않지만
사람 몸에 치명적이란다.

핵 실험으로 인한 지각 변동은 가능할까?

바다

해양 지각

맨틀

북한 핵 실험이 백두산 화산 활동에 영향을 준다는 기사를 본 적 있어요. 핵 실험이 지진이나 화산에 영향을 미치지는 않을까요?

오! 역시 푸름이! 작은 가능성도 놓치지 않는구나. 명탐정의 자질이 보이는걸!

핵 폭발은 에너지가 순간적으로 전환되는 것이라서 무척 위력적이에요. 하지만 지표면에 핵 폭탄 수백 개가 터진다고 해도 땅속 깊은 곳에서 지진이나 화산을 일으키는 지각을 가라앉게 하거나 움직일 수는 없답니다. 간혹 일본 침몰을 다룬 영화를 보면 지진이나 화산 폭발로 일본이 가라앉는 경우가 있어요. 지각 아래쪽에서 이상 현상이 벌어져서 일본이 침몰한다는 설정이지요. 하지만 지각의 움직임이 바뀌어 일본이 침몰하려면 100만 년 이상의 시간이 필요하다는 도쿄대학지진연구소의 발표가 있었어요. 지금부터 걱정할 필요는 없겠지요?

만약 일본이 침몰한다면?

"그렇다면 일본이 가라앉는 원인은 아무래도 지구 온난화가 되겠군요!"

"지금으로서는 그게 가장 가능성이 높아 보이는구나."

💡 일본 침몰 시 우리나라에 발생하는 피해!

해수면 상승

일본이 침몰할 정도로 해수면이 높아지면 한국에도 쓰나미가 발생한다. 해수면이 높아져 동해안까지 물에 잠긴다. 쓰나미로 동해 쪽에 자리 잡은 원전이 파괴되고, 핵연료 및 방사능이 누출되며, 곳곳에 전기가 끊긴다.

지각 변동

일본의 침몰이 갑작스러울 경우, 해저로 연결된 지각의 활동이 활발해져 한국에서도 지진이나 백두산의 화산 폭발과 같은 지각 변동이 나타난다.

난민 발생

1억 2천만 명이 넘는 일본의 국민들이 난민이 된다. 가장 가까운 우리나라로 들어올 가능성이 매우 높다. 난민 수용 문제와 더불어 범죄 발생이 증가하여 커다란 사회 문제가 된다.

경제 침체

일본과 무역을 하고 있던 기업은 문을 닫게 된다. 일자리를 잃은 사람이 많아지면서 일본 사람은 물론 우리나라 사람 중에도 생계가 곤란해지는 사람이 늘어난다. 전반적인 한국 경제가 후퇴한다.

일본이 가라앉는다면
우리나라도 결코 안전하지가 않단다.
일본이 침몰했을 때
우리나라에 생기는 문제들이 이렇게 많거든.

일본 침몰의 진짜 범인은?

이런! 일본 침몰은 일본만의 문제가 아니네요!

그렇지!
일본이 정말 가라앉는다면 우리나라를 비롯한 전 세계 모든 나라에 영향을 미칠 수밖에 없단다.

현재 지구 온난화에 대해 가장 잘 알고 있는 집단은 정부 간 기후 변화 협의체, IPCC입니다. IPCC는 세계 기상 기구와 유엔 환경 계획이 1988년에 세운 조직으로, 사람의 활동이 지구 온난화에 어떠한 영향을 끼치는지 연구하고 있어요. IPCC는 지금까지 다섯 차례에 걸쳐 연구 결과를 발표했는데, 주요 내용은 사람의 활동으로 인해 지구 온난화가 일어나고 있으며 점차 심각해지고 있다는 것이었어요. 지구 온난화를 일으키고 해수면을 높이는 주범은 바로 사람이라는 이야기지요.

일본이 가라앉는 것을 막으려면?

 ## 지구 온난화를 막기 위한 세계의 노력들

1. 신재생 에너지의 개발

이산화탄소를 배출하는 석유, 석탄, 천연가스 등의 화석 연료를 대체할 신재생 에너지의 개발과 사용이 늘어나고 있어요. 신재생 에너지는 태양, 풍력, 수력 등 친환경적으로 자연에서 얻을 수 있는 에너지와 폐기물을 소각, 가공하면서 얻는 에너지 등을 의미해요.

2. 탄소 배출권 시행

탄소 배출권은 이산화탄소 등의 온실 가스를 일정한 양만큼 배출할 수 있는 권리를 뜻해요. 국가별로 배출 가능한 온실 가스 양을 배정하여 그것을 지키지 못하면 다른 나라나 기업으로부터 탄소 배출권을 구입해야 해요. 이산화탄소 배출량을 줄여 온실 가스를 감축하기 위한 국가 간의 협약이에요.

이럴 수가!
일본 침몰의 원인은
바로 우리였네요!
으악! 나도 공범이었어!

자책하지 마!
이제라도 알게 된 게 중요하니까.

지구 온난화를 막으려면 이산화탄소를 줄여야 해.
하지만 자동차를 타지 않을 순 없고,
전기를 안 쓰거나 공장을 멈출 수도 없지.
결국 우리가 할 수 있는 건
최대한 아끼고 줄이는 일일 거야.

3. 절약과 효율을 높이는 기술 개발

과학자들은 자동적으로 에너지를 절약하고 효율을 높이는 기술을 속속 개발하고 있어요. 필요에 따라 작동 전기 기구 모터의 회전수나 상태를 자동으로 조절하여 에너지를 절감하는 '인버터' 기술, 개인별 에너지 사용량을 측정하고 제어하는 '스마트 플러그' 기술도 개발되어 있지요. 화석 연료 절감을 위한 전기와 수소 자동차 기술도 빠르게 발전하는 중이에요. 또한 배출되는 이산화탄소를 붙잡아 땅속이나 바닷속에 묻는 '이산화탄소 포집 및 저장' 기술도 개발했지요.

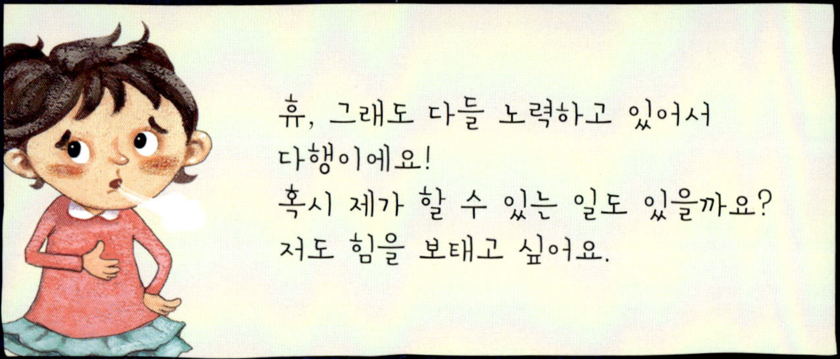

휴, 그래도 다들 노력하고 있어서
다행이에요!
혹시 제가 할 수 있는 일도 있을까요?
저도 힘을 보태고 싶어요.

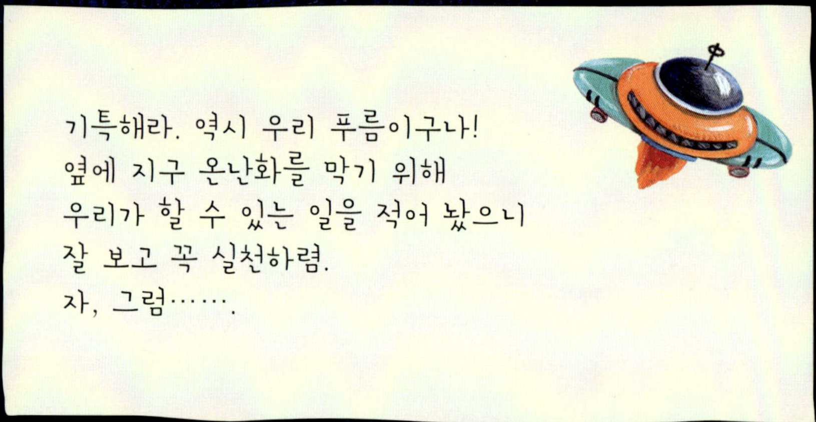

기특해라. 역시 우리 푸름이구나!
옆에 지구 온난화를 막기 위해
우리가 할 수 있는 일을 적어 놨으니
잘 보고 꼭 실천하렴.
자, 그럼……

네! 일본 침몰은
제가 막아 볼게요!
아저씨가 옆에서 지켜봐 주세요.
어, 어디 가셨지?
명탐정 아저씨?

일본이 가라앉는 원인을 사람이 제공했다면 지구 온난화를 막을 수 있는 것도 결국 사람일 거예요. 지구 온난화를 없애고, 일본이 가라앉는 것을 막을 수 있도록 다 함께 노력해 보아요!

 **지구 온난화를 막기 위해 우리가 할 수 있는 일**

① 형광등을 잘 끄고 불필요한 전기 사용을 줄여요.

② 일회용품과 비닐봉지의 사용을 줄이고 쓰레기 분리수거를 잘해요.

③ 먼 거리는 대중교통을 이용하고 가까운 거리는 걸어 다녀요.

④ 여름에는 에어컨보다 선풍기와 부채를 이용하고 겨울에는 내복을 입어 난방 에너지를 아껴요.

⑤ 학용품을 아껴 써요.

지구 온난화 개념어 정리

이산화탄소
탄소나 탄소화합물이 완전연소하거나 생물이 숨을 쉴 때 생기는 기체. 화석 연료를 태울 때도 생기는데 지구 온난화에 가장 큰 영향을 미친다.

해수면
바닷물의 표면을 뜻한다. 해수면이 변동하는 원인은 밀물과 썰물, 해일, 홍수 등 다양하다. 긴 주기로 보면, 빙하기와 간빙기 등 기후 변화에 따라 변동한다.

메탄가스
각종 식물이나 동물이 분해되면서 발생하는 기체. 지구 온난화의 주범 중 하나다.

화석 연료
먼 옛날 땅에 파묻힌 동식물이 긴 시간에 걸쳐 변화하여 만들어진 연료다. 석유, 석탄, 천연가스 등을 말한다.

오존층
땅에서 높이 20~35km 부근에, 많은 양의 오존이 모여 있는 부분을 말한다. 태양에서 오는 자외선을 흡수하여 지상의 생물을 보호하는 방패 역할을 한다.

쓰나미

바다 밑에서 일어나는 지진이나 화산 폭발과 같은 단층 운동 때문에 해수면에 나타나는 큰 파도를 의미한다. '지진 해일'이라고도 한다.

열사병

더운 곳에 오래 있어 열이 밖으로 빠져나가지 못하고, 몸 안에 쌓여 발생하는 질병이다. 현기증, 두통, 하품 등의 증상이 먼저 나타나다가 갑자기 의식을 잃기도 한다. 심한 경우 사망할 수 있다.

질량

물체가 지니고 있는 물질 고유의 양. 상태나 장소에 따라 달라지지 않고 일정하다. 질량 측정 단위로는 kg, g, mg 등을 사용한다.

허리케인

적도 부근의 대서양 카리브 해에서 발생하는 열대성 저기압이다. 주로 8월에서 10월 사이에 많이 발생하며 미국 남부 플로리다와 멕시코 등에 영향을 끼친다. 폭풍의 신, 강한 바람이라는 뜻의 우라칸(Huracan)에서 유래한 단어다.

아열대 기후

온대와 열대의 중간 정도의 기후다. 여름에는 열대와 같이 기온이 높고, 겨울철에는 비교적 온난하다. 가장 추운 달의 평균 기온이 3~18℃다. 최근 우리나라의 남해안 지역은 아열대 기후로 바뀌는 추세다.

세슘

방사능 오염 물질 중 하나. 자연에는 존재하지 않고 우라늄의 핵 분열 과정에서 만들어진다. 사람 몸에 들어올 경우 지방이나 근육에 쌓여 DNA 손상을 일으킨다.

폭염

매우 심한 더위. 하루 평균 기온이 35℃ 이상인 상태가 2일 이상 지속되면 폭염 특보가 발령된다. 폭염이 계속되면 일사병, 열사병, 불면증 등이 생길 수 있다.

원소

물질을 이루는 기본 요소를 뜻한다. 모든 물질은 한 가지 이상의 원소로 이루어져 있다. 예를 들어, 물은 수소 원소와 산소 원소로 구성되어 있다.

정부 간 기후 변화 협의체(IPCC)

1988년 기후 변화 문제에 대처하기 위해 세계 기상기구(WMO)와 유엔 환경 계획(UNEP)이 함께 설립한 단체다. 기후 변화가 인류의 사회, 경제 활동에 미치는 영향을 분석하여 평가보고서를 작성하고 국제적인 대책을 마련한다.

지각 변동

지각이란 지구의 표면을 둘러싸고 있는 부분을 말한다. 지각 변동은 지각이 지진과 화산 폭발 등의 여러 가지 원인에 의해 변형되는 현상으로 지각 운동이라고도 한다.

신재생 에너지

석유, 석탄, 원자력, 천연가스 등 화석 연료를 대체하는 새로운 에너지원. 액화석탄, 수소 에너지 등 '신(新) 에너지'와 동식물유기물, 햇빛, 바람, 물, 지열 등을 이용한 친환경적인 '재생 에너지'를 통합해 지칭하는 말이다.

탄소 배출권

일정 기간 동안 지구 온난화를 유발하는 6대 온실가스(이산화탄소, 메테인, 아산화질소, 과불화탄소, 수소불화탄소, 유불화황)를 일정량 배출할 수 있는 권리. 탄소 배출권 거래소를 통해 국가 간 거래가 가능하다.

핵 분열

우라늄이나 플루토늄과 같이 무거운 원자핵은 외부에서 중성자가 들어오면 쪼개지는 성질이 있는데, 이를 핵 분열이라고 한다. 이때 발생하는 에너지가 원자력 에너지이며, 원자력 에너지를 이용해 전기를 만드는 것은 원자력 발전이라고 한다.

해발 고도

바다의 평균 수면을 기준으로 측정한 높이를 말한다. 우리나라는 인천만의 평균 해수 높이를 기준으로 해발 고도를 정하고 있다.

핵 연료봉

원자력 발전소의 원자로에서, 에너지를 얻기 위해 사용하는 농축 우라늄을 집어넣어 만든 원통 막대를 말한다. 핵 분열 과정에서 생성되는 폐기물이 밖으로 유출되지 않도록 알루미늄이나 마그네슘 피막에 싸여 있다.

우라늄

지구의 지각에 천연으로 존재하는 가장 중요한 방사성 원소 중 하나. 우라늄과 같은 방사성 물질이 분열하면서 방출되는 막대한 에너지를 원자력 에너지라고 한다.

이산화탄소 포집 및 저장(CCS)

화석 연료에서 발생하는 이산화탄소를 대기로 배출하기 전에 추출하여, 압력을 가한 다음 액체 상태로 만들어 땅속이나 바닷속에 저장하는 기술이다. 지구 온난화의 근본적인 해결책은 아니지만 현실적인 대안으로 평가받고 있다.

글 김진욱

텔레비전 드라마와 영화 시나리오 작가로 활동하다가 두 딸의 아빠가 된 뒤로는 밤마다 아이들과 이야기 여행을 떠나고 그 내용을 동화에 담고 있습니다. 영화진흥위원회 시나리오 공모전 대상과 제주문화콘텐츠 공모전 우수상을 수상했으며, 한국콘텐츠진흥원 기획개발 공모전 등에서 입상했습니다. 『도로시의 과학수사대』 『함께 사는 로봇』 『안드로메다에서 찾아온 사회개념 1,2권』 『안드로메다에서 찾아온 과학개념 1,2권』 '선생님도 놀란 초등 수학뒤집기' 시리즈의 『수의 탄생』 『시간과 시각』 『예술 속 수학』 등을 썼습니다. 사단법인 한국시나리오작가협회 이사로 활동 중입니다.

그림 주민정

계명대학교와 동대학원에서 서양화를 전공했어요. 『옛 이야기 따라 세계일주』 외 다수의 어린이 책에 그림을 그렸습니다. 현재 어린이 동시집 작업에 몰두하고 있습니다.

**바다가 출렁출렁!
일본이 침몰한다면?**

펴낸날	초판 1쇄 2015년 6월 15일 초판 3쇄 2017년 11월 10일
지은이	김진욱
그린이	주민정
펴낸이	심만수
펴낸곳	(주)살림출판사
출판등록	1989년 11월 1일 제9-210호
주소	경기도 파주시 광인사길 30
전화	031-955-1350 팩스 031-624-1356
홈페이지	http://www.sallimbooks.com
이메일	book@sallimbooks.com
ISBN	978-89-522-7358-1 77400

살림어린이는 (주)살림출판사의 어린이 브랜드입니다.

※ 값은 뒤표지에 있습니다.
※ 잘못 만들어진 책은 구입하신 서점에서 바꾸어 드립니다.

이 도서의 국립중앙도서관 출판시도서목록(CIP)은 서지정보유통지원시스템 홈페이지(http://seoji.nl.go.kr)와 국가자료공동목록시스템(http://www.nl.go.kr/kolisnet)에서 이용하실 수 있습니다.(CIP제어번호: CIP2015013753)

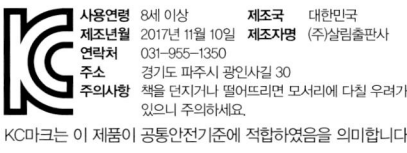

사용연령 8세 이상   제조국 대한민국
제조년월 2017년 11월 10일   제조자명 (주)살림출판사
연락처 031-955-1350
주소 경기도 파주시 광인사길 30
주의사항 책을 던지거나 떨어뜨리면 모서리에 다칠 우려가 있으니 주의하세요.
KC마크는 이 제품이 공통안전기준에 적합하였음을 의미합니다.